AF370042

VENTE

Du Samedi 24 Janvier 1874

HOTEL DROUOT, SALLE Nº 3

OBJETS D'ART

ET

D'AMEUBLEMENT

ONZE PANNEAUX DÉCORATIFS

EXPOSITION PUBLIQUE

Le Vendredi 23 Janvier 1874

Mᵉ CHARLES OUDART, COMMISSAIRE-PRISEUR

M. ÉMILE BARRE, EXPERT

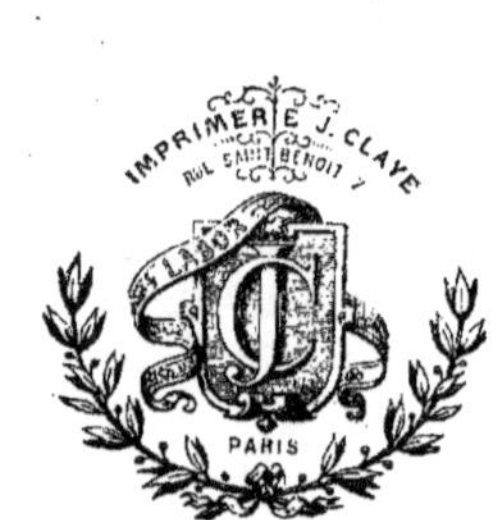

IMPRIMERIE J. CLAYE
RUE SAINT-BENOIT 7
PARIS

CONDITIONS DE LA VENTE..

Elle sera faite au comptant.

Les acquéreurs payeront *cinq centimes par franc,* en sus des enchères, applicables aux frais.

L'Exposition mettant les Adjudicataires à même de se rendre compte de l'état et de la nature des objets, il ne sera admis aucune réclamation une fois l'adjudication prononcée.

CATALOGUE

D'UNE JOLIE RÉUNION

D'OBJETS D'ART

ET

D'AMEUBLEMENT

**MEUBLES HOLLANDAIS EN MARQUETERIE
DE BOIS A FLEURS
MEUBLES ITALIENS EN ÉBÈNE ET IVOIRE, ET EN CERTOSINE
BRONZES, PENDULES, MARBRES**

SUITE DE ONZE GRANDS PANNEAUX DÉCORATIFS

PORCELAINES DE CHINE ET DU JAPON, FAÏENCES ITALIENNES

Dont la Vente aura lieu

HOTEL DROUOT, SALLE N° 3
Le Samedi 24 Janvier 1874

PAR LE MINISTÈRE DE **M° CHARLES OUDART,** COMMISSAIRE-PRISEUR

31, rue Le Peletier

ASSISTÉ DE **M. ÉMILE BARRE,** EXPERT

20, Chaussée-d'Antin

EXPOSITION PUBLIQUE

LE VENDREDI 23 JANVIER 1874

D. 5417

CATALOGUE

D'UNE JOLIE RÉUNION

D'OBJETS D'ART

ET

D'AMEUBLEMENT

MEUBLES HOLLANDAIS EN MARQUETERIE
DE BOIS A FLEURS
MEUBLES ITALIENS EN ÉBÈNE ET IVOIRE, ET EN CERTOSINE
BRONZES, PENDULES, MARBRES

SUITE DE ONZE GRANDS PANNEAUX DÉCORATIFS

PORCELAINES DE CHINE ET DU JAPON, FAÏENCES ITALIENNES

Dont la Vente aura lieu

HOTEL DROUOT, SALLE Nº 3
Le Samedi 24 Janvier 1874

PAR LE MINISTÈRE DE **Mᵉ CHARLES OUDART**, COMMISSAIRE-PRISEUR

31, rue Le Peletier

ASSISTÉ DE **M. ÉMILE BARRE**, EXPERT

20, Chaussée-d'Antin

EXPOSITION PUBLIQUE

LE VENDREDI 23 JANVIER 1874

DÉSIGNATION

DÉCORATION D'APPARTEMENT

1 à 11. — Suite de onze grands et beaux Panneaux décoratifs représentant des paysages avec figures.

MEUBLES

12. — Grand et beau Meuble à deux corps, en marqueterie de bois à fleurs, travail hollandais, surmonté d'un fronton découpé à jour.

13. — Quatre Fauteuils et un Canapé, époque *Louis XV*, recouverts en tapisserie.

14. — Commode hollandaise formant dressoir, avec panneaux en laque.

15. — Six Chaises hollandaises recouvertes en soie.

16. — Meuble à deux corps formant cabinet à tiroirs.

17. — Grande Table en marqueterie d'ébène et ivoire, décorée au centre d'un médaillon représentant Amphitrite ;

aux quatre angles, des médaillons représentant des jeux d'Amours. — Les pieds octogones sont décorés de cariatides.

18. — Vitrine à trois faces, avec fronton, en marqueterie de noyer et ivoire, travail dit certosine.

19. — Quatre Escabeaux en noyer sculptés, avec dossiers armoriés surmontés de couronnes et décorés de deux lions affrontés.

20. — Deux Fauteuils en marqueterie d'ébène et ivoire.

21. — Commode *Louis XIV* en bois de rose, ornée de bronzes.

22. — Table en certosine.

23. — Très-jolie Banquette en certosine, avec pieds à X.

24. — Six Chaises en certosine.

25. — Table à jeu en bois de rose, avec bords en ivoire et marqueterie, pieds cannelés.

26. — Vitrine *Louis XVI* en acajou, ornée de filets de cuivre, avec colonnes détachées.

27. — Cabinet en marqueterie d'ébène et ivoire, sur sa table.

BRONZES, PENDULES

28. — Grand et beau Vase en marbre rouge, avec anses en bronze doré, formées par des Chimères, formant girandole.

29. — Pendule *Louis XIV* en marqueterie de cuivre et écaille.

30. — Pendule *Louis XVI* en marbre blanc et bronze doré.

31. — Deux Appliques *Louis XVI* en bronze doré.

32. — Deux Flambeaux en bronze, époque *Louis XIII.*

33. — Deux Flambeaux en bronze doré, époque *Louis XVI.*

34. — Deux Flambeaux à trois branches, en bronze doré, style *Louis XV.*

35-36. — Deux Glaces, cadre bois sculpté.

37. — Deux Girandoles à trois lumières, style *Louis XV,* ornées de cristaux.

38. — Très-beau Lustre *Louis XV,* en bronze, ornés de cristaux de Bohême.

39. — Grande Jardinière oblongue en bronze ancien du Japon, avec anses et ornements ciselés.

40. — Deux Vases en bronze du Japon, ciselés avec rehauts d'or.

41. — Petite Jardinière en bronze du Japon avec oiseaux en relief.

42-43. — Deux Paires de Vases en bronze du Japon.

MARBRES, TERRES CUITES

44. — Buste en marbre blanc.

45. — *La Nuit*, statuette en terre cuite de POLLET.

46. — *Le Jour*, statuette en terre cuite de POLLET.

47. — *Danseurs au tambourin*, statuettes en terre cuite par CLÉSINGER.

48. — *Danseurs aux castagnettes*, statuettes en terre cuite par CLÉSINGER.

FAÏENCES ITALIENNES

ET AUTRES

49. — Paire de Vases en faïence italienne, à anses formées par des serpents enroulés, décor d'arabesques.

50. — Deux Appliques en faïence italienne.

51. — Deux Buires formées par des perroquets en faïence italienne.

52. — Deux Gargoulettes en faïence italienne.

53. — Grand Plat en ancienne faïence de Perse.

PORCELAINES

DE CHINE, DU JAPON ET AUTRES

54. — Jardinière en porcelaine du Japon, montée en bronze
doré.

55. — Vase forme cornet en ancienne porcelaine de Chine.

56. — Deux grands et beaux Cornets en porcelaine de Fizen,
fond bleu lapis, décorés de fleurs blanches en relief.

57. — Deux Jardinières rondes, en porcelaine de Fizen,
décorés bleu lapis avec fleurs blanches en relief.

58. — Deux Vases en porcelaine de Canton, décor de man-
darins.

59. — Deux Vases en porcelaine de Chine craquelés.

60. — Deux petits Vases en porcelaine du Japon.

PARIS. — J. CLAYE, IMPRIMEUR, 7, RUE SAINT-BENOIT. — [106]